講話CD付き

願望をかなえる経営

稲盛和夫
INAMORI KAZUO

サンマーク出版

願望をかなえる経営

目次

強く思うことの大切さ

誰にも負けない努力をする

毎日毎日を真剣勝負に生きる

生き方の神髄 4

装丁・造本　菊地信義＋水戸部功
編集協力　京セラ株式会社　稲盛ライブラリー
京セラコミュニケーションシステム株式会社
逍遙舎
編集　斎藤竜哉（サンマーク出版）

本書は、一九九二年十一月十七日に行われた「盛和塾新潟例会」での講話をＣＤに収録し、その内容を書籍にまとめたものです。講演会場にて録音された音源のため、一部お聞き苦しい箇所がある場合がございます。どうかご了承ください。

書籍は収録した講話を文章にしたものですが、読みやすくするために、一部表現を変えるなど編集を加えてあります。

願望をかなえる経営

強く思うことの大切さ

強烈な願望こそが成功の原動力

「強烈な願望を心に抱く。潜在意識に透徹するほどの強く持続した願望をもつこと」

これは、みなさんが創業者であれ二代目であれ、自分の会社をどういう会社にしていくのか、自分の会社はこうありたい、という願望です。

「願望」という言葉は願い望むと書きますから、願望とは、どうしてもこうありたい、と願うことです。その頭に「強烈な願望」とくるのですから、これはすさまじいものです。こうだったらいいのになあ、というものではなく、何が何でもこうありたい、というものです。ちょっと古い言葉かもしれませんが、矢が降ろうと何が降ろうと、こうでありたい、という強烈な願望です。

その願望というものは、たとえば経営の目標でもかまいません。売り上げをこうしたい、こういう会社にしたい、または売り上げはこのくらいで利益はこのくらいという具体的な、鮮明な目標です。それを願望といいます。そういう目標をつくるのです。

「自分の会社は親から引き継いだ。そしてこの会社には従業員が二十人、三十人いる。その従業員が私についてきてくれるのだから、この会社をこういう会社にして従業員の期待にもこたえてあげたい」というなら、そういう絵を描くわけです。

ただし、単に目標だけをポッとあげるのではなく、その目標を掲げ、実現するためにはこういうことをしていきたいと、その目標を達成するための実践項目まで全部つくってみてもいいのです。「こうしたい」という。

その目標、願望をつくるときに、できれば理想を掲げてほしいのです。たとえば、「いまは田舎《いなか》でこういうちっぽけな会社をやっているので、そう大きな目標を立ててみてもしようがない、だからチマチマした目標を立ててしまおう」というのではありません。片田舎でちっぽけな会社をやっているけれども、それでも自分で生涯をかけて生きていくのにどうあるべきか、という理想を掲げてもいいのです。

「所詮《しょせん》、いまは資本金もなければ人材もいないのだから、そんなことを考えてみたって……」といった、制約条件を設けてつくるものではありません。もっと自由なものです。

ただし、自由ではあるものの、「つくってみたけれども、これはできそうにもないな」と思うようなものでは困るわけです。

ちっぽけな目標で、できそうなものをつくっても意味がないのです。「金もない人材もいない、田舎で自分と弟と従業員が三人しかいないのに、大きなことをいってみたって、所詮はしようがないではないか」と思っている。そして目標を描いてみたけれどもできそうにない、と思う。できそうにもない、と思いながら描く。それではいけないのです。

無限の可能性を信じて目標を立てる

願望をつくるときには、自分自身には、無限の可能性があることを信じなければいけません。人間には、無限の可能性があるのだ、と。

「オレは無限の可能性を秘めているのだ。いまでこそ燦然《さんぜん》とは輝いていないが、オレには無限の可能性があるのだ」

そうまず自分で信じなければなりません。だから、オレがこうありたいと思う目標は実現可能なんだ、いまは気が遠くなるような目標かもしれないが……という思いが必要です。そういう理想的なものを掲げます。

私の場合は経営のケの字も知らないくせに、京都の中京区西ノ京原町というところにあった宮木電機さんの倉庫を借りて工場を始めたわけです。そのころから私は、従業員がまだ二十七、八名くらいしかいなかったのですが、その人たちといっしょに「いまにがんばって原町一番になろう」といっておりました。

しかし、原町一番になろうと思っても、ちょうど西大路通りからうちの会社に入ってくる入り口のところに、大きな自動車工具の鍛造《たんぞう》工場があるわけです。そこはスチールの鍛造をやっているものですから、ダン、ダンと叩《たた》いて形をつくるのですけれども、朝から晩まで夜通し鍛造機械が動いて、ガンガンガンと火花を散らして一生懸命につくっている。そこの前を会社の行き帰りにいつも通っていました。

うちの会社もつくったばかりだから夜を日に継いでがんばるわけですが、夜中にその前を通ると、まだそこはやっている。だから、西ノ京原町一番になるだけでもえらいことだな、と。当時うちよりもはるかに大きい会社で、そこがまた夜通しやっているものですから、これはかなわない、と思いました。

いまに原町一番になろうといい、次には西ノ京で一番、その次は中京区で一番になろう。その次は京都で一番になろう。京都で一番になったら、日本で一番になろうじゃないか。日本で一番になれば、世界で一番になろう。

そういうことを、わずか資本金三百万円で、宮木電機の西枝（一江）さんのご厚意で倉庫を賃借りして工場をつくってやっているくせに、「世界一になってやろう」ということを真剣にいっていたのです。

原町一、西ノ京一、中京区一、京都市一、日本一、世界一。それが願望です。

そうして思ったことを毎日考えているわけです。ただ世界一といっているだけではありません。世界一になるためには、いまの仕事はこうしてこうやってということになるわけです。具体性がなかったらいけないのです。それを毎日考えているわけです。

経営とはトップの抱く強烈な意志

いまいったように目標、願望を立てます。そしてどうしてもそうありたい、という「強烈な願望」ですから、「そうは思ったのですけれども、実はいまは不景気でそうはいかないのです」という言い訳は絶対にしてはならない。矢が降ろうと何が降ろうと、雪が降ろうと雨が降ろうと、「そうありたい」と思ったのなら言い訳はしない。

「そうは思ったのだけれども、いまは不況でちょっとうまくいかないのですわ」というのでは、それは思っただけであって願望ではありません。私がいう願望というのは、こうありたい、何がどうあれこうでなければならん、と思うものなのであって、うまくいけばそうあってほしい、という軽いものではありません。

願望とはそういうものなのです。

とすれば、その願望とは何かというと、自分の意志です。こうしたい、という強烈な意志なのです。

経営というのは極端にいえば、その人がもっている意志、トップがもつ意志なのです。

意志が強くなければ、経営はできません。たとえば売り上げいくら、利益率いくら、というのも、強烈な意志があってこその話です。経営とは、トップがもつ意志なのです。だから、「こうありたい」「どうしてもそうでなければ困る」という意志のとおりになります。

極端にいうと、トップがもつ思いのとおりになるわけです。思うとおりになるということは、何が起ころうとも自分の強烈な意志でもってそれをやり遂げる、という強烈な意識が必要です。

これは気性の激しい、強い人だからできるというものではありません。私の場合、実は弱虫です。弱虫なものだから、怖いものだから、必死になる。そのほうがかえっていいのかもしれません。弱虫なものだから、怖いものだから必死になる。

潜在意識に入り込むほど強く願っているか

そういう強い意志をもって「うちの会社をこうしたい」と毎日、四六時中思うわけです。思うと、潜在意識というものにその思いが入っていきます。

たとえば、いま私がしゃべっているのは顕在意識、目覚めた意識で行っているわけですが、潜在意識といってもなかなか理解してくれません。そこで私は、いつも車の運転を例にあげて潜在意識を説明しています。

車の運転を教習所に行って覚えるときには、我々は目覚めた意識で運転を覚えようとします。教習所の先生が「まずハンドルを握って、クラッチを踏んで、こうやってギアを入れて」というので、いちいち頭で考えて判断してそれをします。

ところがなかなかできない。一遍に右の手、左の手、足も、とやるものですから、チグハグになってしまいます。頭で命令して「オイ、今度は右足、ブレーキ、クラッチ」とやっていると、バラバラになってしまって怒られる。

でも、あれだけ難しかったのに、いまではみなさんも車を運転できるようになっています。

練習して、乗り方を覚えたときには、ものすごく疲れたと思います。私も覚えていますが、免許を取ってすぐに車に家族を乗せて日曜日に遊びに連れていったことがあります。行き止まりになると、バックができそうにないので、もう心配で怖い。だから遊園地まで家族を乗せていったら、もうフウフウ息が上がるほど疲れてしまうわけです。楽しむどころか、帰りは渋滞でまたたいへんだと思うと、おちおち安心できない。そういう思いをしたことがあります。

つまり、目覚めた意識を使うとフラフラになってしまう。ところが、いまみなさんは何時間運転して遠出していても疲れません。それは潜在意識で運転しているからです。潜在意識で運転しているというのは、いちいちクラッチを踏むとかブレーキを踏むとか、そういうことを思うことなしに、勝手に行っています。全部、潜在意識で動かしているわけです。

極端にいうと、運転しながら仕事のことを考えたりして、別のことを考えていて、ハッと気がついて「危ない!」と思ったことがあると思いますが、それはまったく他のことを考えていながらでも運転をしているからです。

つまり、目覚めた顕在意識では別のことを考え、潜在意識で運転をしているということです。それが潜在意識を使っている例です。

くり返し強く念じれば潜在意識を動かせる

潜在意識が使える、というのがどういうことかといいますと、それは二通りあります。

くり返しやったものは、潜在意識の中に入る。脳の中で目覚めて使っている知識は、脳の容量が十あるとしますと十分の一ぐらいです。残りの十分の九という量が、全部潜在意識です。我々がオギャーと生まれて死ぬまでの間に体験したものは、全部潜在意識に記憶されるのです。ただし、思い出そうと思っても思い出せません。

しかしおもしろいことに、心理学などで催眠術をかけて潜在意識を引っ張り出そうとしますと、人間というのは全部覚えています。思い出したからといっても、顕在意識の中には戻ってきませんが、潜在意識の中では全部覚えているわけです。

その潜在意識から顕在意識へ出てくる、つまり十分の一と十分の九との間の境界領域から、潜在意識にたまったものが顕在意識に出てくる、ということはありません。体験したもの、見たもの聞いたものは全部潜在意識に入るのですが、顕在意識のほうへ出てくるということはないのです。

（例外として出てくる場合は）二つだけあります。それは、くり返し覚えたこと、衝撃的な体験をしたこと。その二つだけは顕在意識に出てくる。

運転みたいに、しょっちゅう、毎日やっているようなことだと、潜在意識で全部覚えてしまって顕在意識でも使えるのです。

ですから、同じように「自分の経営はこうありたい」という強烈な願望を、ものすごく強い意志力でもって毎日考えておりますと、それは潜在意識に入っていきますし、同時にいつでも顕在意識に出てくるわけです。

いつも考えていれば「ひらめき」がやってくる

これにどういう効果があるかといいますと、「自分の会社はこうありたい、こうありたい」と思っていますが、それを四六時中考えているわけではありません。

「ひらめき」というものがあります。

たとえば私の場合ですと、「京セラをこうしていきたい」「私がもっている技術はセラミックという技術だが、それだけでは限界がありそうだ。こういう事業展開もしていきたいし、こういう多角化もしていきたい」などと、自分で願望の中にいろいろと思い描いています。

そして、「そういう事業もやっていきたいと思うが、それは専門分野でもないし技術屋もいない。こういう技術屋がいたら、自分の技術と組み合わせてこういう仕事ができるのにな」ということをしょっちゅう考える。こうありたい、という願望の中で考えているわけです。ところが、毎日考えてはいるのですけれども、四六時中考えているわけではありません。

そうすると、たとえばある何かの機会に同級生に会った。その同級生がある人に自分を紹介した。「これは私の友人でして、いま京セラという会社をやっています」というので名刺交換をする。それを見たら、私が思っていた技術系の仕事をしておられる。聞いてみると、かねてから私が潜在意識に入れてあった、ずっと考えていた仕事だった。

ほんとうはそういうシリアスな仕事の話をするような場ではなく、ある同窓会の中で酒を飲んで賑《にぎ》やかにやっているときだったのですが、強烈にひらめくものがありました。

つまり、潜在意識の中にデポジット（蓄積）していますから、それにパーン！　とふれるわけです。そうすると、「ちょっと話があるのですが」となり、すぐに翌日、その人を訪ねていって「すみませんが、いまやっている仕事はこういうものだと昨日聞いたけれども、もっと詳しく聞きたい」と話しました。

そして今度は三顧の礼で、「うちの会社に入ってほしい」「なぜなら、私はかねてからこういう仕事をし、私のもっている技術とはこういうことでして、こういう展開をしていきたいのです」と頼みました。

つまり、もう潜在意識下で願望を考えていますから、それがその人に触発されたときにとうとうと出てくるのです。「あなたが来てくれていっしょにやってくれれば、こうなってああなってこうなってくるのです」

と、碁でいえば、何十手ぐらい先まで毎日考えていますから。

だから、そういう強烈な願望をもっていなければ「猫に小判」になるわけです。同窓会で名刺交換したぐらいでは何でもない、普通の人から見たら、何でもないありふれたことに見えるのに、強烈な願望を潜在意識に透徹するほど考え抜いた人から見ると、それがものすごいチャンスになってくる。凡人から見ると、それがもう何でもない通り一遍の紹介であり、通り一遍の友だちづきあいで終わるはずなのに、それがすごい出会いになっていく。

これは、常日ごろから「こうありたい」という強い願望を考えているからなのです。それは先ほどからの話にあった、真剣勝負で毎日を生きている、ということです。

「強く持続した願望」が会社を変える

だから私は「強烈な願望を心に抱くことが経営の最初です」と話しています。それは「潜在意識に透徹するほど」の強く持続した願望をもつことでなければいけません。こうありたいと何かのときにフッと考えたからといって、それで会社方針を描く、というものではないのです。

それは「強く持続した願望」なのです。

みなさんの部下で、専務でも副社長でも、取締役でも部長でも、「今月はこういうことをしたい」「来月はこうしたい」という目標をみんなもっていらっしゃると思うのですが、何かのときに「おまえ、来月はどうするんだったかな?」と聞いてみてください。「エーッと、エーッと……」といっている人がいっぱいいるはずです。

つまり、社長の前に出てきて、月初に目標でも立てて発表するときには、書いたものを持っていますから、それを読んで「こうこうします」といっていますが、それから一週間たって十日たって「おまえ、あれはどうなったかな?」と聞いてごらんなさい。覚えてもいません。

社長の前に行って発表するために一時考えただけのことであったら、実行なんかできるわけがありません。

覚えてもいないのですから。そらんじて、そらんじて、どうしてもそうありたいと思えば、覚えているどころか、もうそのことになりきってしまっていなければならないはずです。だから、数字なんか当たり前のことなのです。なのに、その数字も覚えていないという。そんな頼りないことでできるわけがありません。

経営者でもそうです。今月、いくら売り上げをするのか、今月、いくらの粗利を出すのかということでも、自分自身が覚えていない。いちいち資料を見なければ思い出さないということでは経営になるわけがありません。

だから、ここに必要なのは「強く持続した願望」です。強くというのは毎日毎日考えているということです。そうすれば、必ずなります。嘘《うそ》ではありませんし、絶対にそうなります。

私はこういう激しいことをいっていますが、こんなおもしろいことがありました。京都の盛和塾で、こういう話をホーッと感心して聞いている人がおられまして、しばらくして、夜酒を飲んでいるときにその人が私の横に来てしみじみと、「塾長、ほんとうにありがとうございます。私は何とお礼をいったらいいかわかりません」というのです。

「あんた、急に何を言い出すのや」

「私は塾長の話を聞いて四、五年になります。その間、私は自分でもあまり変わったとは思っていません。しかし、塾長の話を聞いて、いつもいいな、いいなとは思っていました。ところがその四、五年の間にうちの会社が十数倍に発展をしました。塾長に出会うまで、私は二十年経営をしていたのですが、それまではほんとうにたいした会社ではなかったのに、塾長に出会ってから四、五年の間に、過去二十年経営した何倍という大きさになってしまった。何でだろうと、自分でも信じられません。塾長の話を聞いているうちに、勝手にそうなってしまいました。だから、もし盛和塾に入らなかったら、いまのうちの会社はありません」

つまり、私がいまいったような激しい、強烈な願望を心に抱かなくても、そういう激しいことを聞きながら、素直にそれを受け入れている人というのは、そういうふうになってしまっているのですね。それで、ものすごく会社が発展した、といわれたことがあります。

私は「いや、そういわれたらほんとうにうれしいです。ボランティアでこうして忙しい中を飛んできては話をして、みなさんがそうしてほんとうに喜んでくれれば、私もほんとうにうれしいです」といいました。

まず、そういう場の中にいるだけでも会社は変わっていきます。ましてや自分で、強烈な意志で自分の会社を変えていくということができるのです。

誰にも負けない努力をする

一歩一歩の積み重ねが偉大なことを成し遂げる

二番目、これは簡単なことです。「誰にも負けない努力をする」ということです。

「地味な仕事を一歩一歩堅実に、たゆまぬ努力を続ける」

これは、誰よりも一生懸命に働くということです。成功するには誰にも負けない努力をするということです。努力をしないで成功することは絶対にありません。

ここで大事なのは、「地味な仕事を一歩一歩堅実に」ということなのです。どんな偉大なことも地味な努力の一歩一歩の積み上げからしかできません。

たとえばみなさんの会社で注文をとるときに、五十万円の注文でも十万円の注文でも、一件一件歩いていってとらなければなりません。自分の「こうありたい」という強烈な願望では、従業員一千人、売り上げ五百億円の会社にしたい、と思っている。それなのに、一日かかって走り回って二十万円しか注文がとれない。しかも、それを社長が自らやっている。

「こんなことで、いつ会社が五百億円の売り上げなどになるのだろう」と、そういう気がする。しかし、どんな偉大なことも、地味な一歩一歩の積み上げからしかできないのです。

それを「五百億円という大望を抱いているのだから、一日走り回って二十万円の注文をとるようなことでは話にならない。もっといい方法はないかな」と思うところから、失敗が始まるわけです。わずか一日二十万円の注文をとる地味な努力、その積み上げなのです。それを忌み嫌って、もっといい簡便な方法はないだろうかと思うことが、間違いの元なのです。

気の遠くなるような大きな目標を掲げているわけですが、それなのに「こんな地味な努力で何の効果があるだろう」と疑問に思うこともあるでしょうが、それではいけない。

どんな大きな目標であろうとも、ほんとうに賽《さい》の河原の石を一個一個積むのと同じです。気の遠くなるような努力。それが偉大なことを成しうるわけです。

「いい経営者」として欠かすことのできない姿勢

こういうことを思い出します。会社をつくってもらって、先ほどいいましたように怖いものですから、ほんとうに必死になって働きました。当時、ちょうど松下電器産業（現パナソニック）さんのほうでテレビがだんだんとポピュラーになっていく時代でした。

私は前の会社のときに、松下さんがオランダのフィリップスと技術提携されてつくっていた白黒のブラウン管の中の、電子銃という部分の絶縁材料をつくって供給しておりました。

だから会社をつくったときにも、松下さんの購買課長に「今度、会社をつくるので、ぜひ、その品物を私の会社から買ってほしい」とお願いをしていました。

そうしたらその課長が「自分だけではどうにもならないから、部長にも会ってくれ。あなたには技術屋としてたいへんお世話になったから力になりたい」と、部長を紹介してくれました。

部長に会ってみると、部長からも「あなたが今度会社をつくるのなら、全部を買うわけにはいかないが、あなたのところからも買ってあげましょう」といわれました。そうして売るところが決まっていたので、ほんとうに夜を日に継いでつくってがんばりました。

三百万円の資本金で会社をつくったときに、一千万

郵 便 は が き

料金受取人払郵便

新宿北局承認

8720

差出有効期間
2022年11月
30日まで
切手を貼らずに
お出しください。

169-8790

154

東京都新宿区
高田馬場2-16-11
高田馬場216ビル５Ｆ

サンマーク出版愛読者係行

ご 住 所	〒　　　　　　都道府県	
フリガナ		☎
お 名 前		(　　　)
電子メールアドレス		

ご記入されたご住所、お名前、メールアドレスなどは企画の参考、企画用アンケートの依頼、および商品情報の案内の目的にのみ使用するもので、他の目的では使用いたしません。
尚、下記をご希望の方には無料で郵送いたしますので、□欄に✓印を記入し投函して下さい。
□サンマーク出版発行図書目録

1 お買い求めいただいた本の名。

2 本書をお読みになった感想。

3 お買い求めになった書店名。

市・区・郡　　　　　町・村　　　　　書店

4 本書をお買い求めになった動機は?

・書店で見て　　　・人にすすめられて
・新聞広告を見て(朝日・読売・毎日・日経・その他=　　　)
・雑誌広告を見て(掲載誌=　　　)
・その他(　　　)

ご購読ありがとうございます。今後の出版物の参考とさせていただきますので、上記のアンケートにお答えください。**抽選で毎月10名の方に図書カード(1000円分)をお送りします。**なお、ご記入いただいた個人情報以外のデータは編集資料の他、広告に使用させていただく場合がございます。

5 下記、ご記入お願いします。

ご職業	1 会社員(業種　　)2 自営業(業種　　) 3 公務員(職種　　)4 学生(中・高・高専・大・専門・院) 5 主婦　　6 その他(　　)		
性別	男・女	年齢	歳

円、京都銀行から借金をしました。それは、新潟出身の西枝さんが家屋敷を担保に入れて、京都銀行から借りていただいたものでした。

西枝さんはたいへん立派な方で、「会社が成功するのは万に一つしかないはずだ。だいたい会社というのはいくらでもできるのだけれども、次々とつぶれるもの。成功するのは万に一つぐらいしかない。あなたがいい技術屋ではあっても、いい経営者ではないと思うので、つぶすかもしれない。そうなれば、私の家屋敷は銀行に取られてしまうのです」といって貸してくれたものなのです。

私は臆病《おくびょう》なものですから、もう怖くて怖くて、西枝さんみたいなやさしい人の家屋敷が取られてしまってはえらいことだと思うものですから、もう必死で、寝ないでがんばったわけです。西枝さんに迷惑をかけてはいけないから、早く借金を返そうと思うのに、百万円ずつ返していては十年かかってしまう。

最初の一千万円で設備投資をしてもらったわけですけれども、陳腐なもので、一年間でダメになってしまうのです。さらに設備投資するにはもう二千万円くらいかかる。早く返したくてたまらない一千万円を返すだけでも十年かかるのに、いまもう二千万円設備投資しないといけない必要に迫られている。どうしたらいいのだろうと思いました。

それを西枝さんにいったところ、「それはあなた、借金があるから返さないといけない、と思うのは違うのですよ。あなたのところは収益性があるのですから、借金があってもいいのです。さらに借金をすればいいのです」という。

「一千万円も借金があってそれだけでもたいへんだと思っているのに、さらに借金をするなんてとんでもありません。絶対に返します」と私はいいました。

「返す返すといってもあなた、収益性さえあれば次から次へと借金をしていって、事業を大きくするのが事業家なのです」

そういわれたのですが、私はもうどうしても返すといって引き下がりませんでした。

西枝さんはとうとう愛想が尽きて、「あなたはやっぱりいい経営者にはなれませんな」といわれました。

そのときにまじめに、もう当時大きくなっていたソニー、本田技研は、何であんなに大きくなったのだろう、と考えました。

「一生懸命に稼いで返していったのでは気が遠くなる。返しきれもしないのに、ましてや一年間に百万円ずつためていったって十年で一千万円しかたまらないわけですから、内部留保を何億円ももてるようになるというのは気が遠くなる。できるわけがない」

そう思ったのです。

ところが、京セラのいまの資本金を含めた資本の部というと、これだけで二千億、三千億円あるわけです。当初は「たった百万円ずつしか一年間にためられないかもしれない、何億円なんて気が遠くなる」と思っていたにもかかわらず、です。

一年に百万円だったら十年で一千万円。一億円ためようと思ったら百年かかるわけです。「私の一生のうちに資本の部で内部留保一億円なんて、税金を払って配当をして一億円ためようと思えば百年かかる。だから大きな会社になるわけがない」と思っていた。

しかし、しだいに「たったこのくらいではどうにもならないではないかという地味な一歩一歩でしか、偉大なものはつくり上げられない」と、思うようになっていきました。

高い山に登る場合でも、人間のこの足で一歩のスパンでしか歩けないのですから、その一歩一歩が偉大なことを成しうるのです。

そう思いはじめた結果、いまでは京セラの内部留保は何千億円となった。みんながすごいといいますが、それは一歩一歩やっていると、あとは幾何級数的に力がついてくるのです。

あきらめないことです。そうすればあとは幾何級数的に力がついてきます。

毎日毎日を真剣勝負に生きる

弱気の虫が起こるのは余裕がある証拠

（※ここからは、質疑応答形式になります）

「いままで、塾長は弱気になったり、怠け心が起こったりしたことはありませんか」ということと、「困難に直面したとき、神頼みをするような気持ちをもった経験はありませんでしたか」というご質問です。

おそらく、経営のトップで必死に仕事をしておられれば、こういう形の質問は当然出てくるだろうと思いますし、非常に切実な質問だという感じがします。最初に「弱気になったりすることはありませんでしたか」ということなのですが、私は弱気になったということはあまりなかったように思います。

といいますのは、もともと強気だからという意味ではなく、会社をつくってから今日まで三十数年間必死で生きてきましたので、弱気の虫が出てくる暇がなかった。極端にいいますと、毎日毎日が真剣勝負のような生きざまだったので、そういう気持ちが起こらなかった。

だから、弱気の虫が起こってくるのは、まだ少し余裕があったり暇があったりするからではないかと思います。

私は会社経営をすることを「生きる」という表現をしていますが、生きるのに必死で、まさに修羅場のまっただ中にあったのです。

私の場合、京セラという会社をつくってもらったときというのは、経営のケの字も知らなかったものですから、損益計算書は見れば何とかわかる、といった程度でした。売り上げがあって、あとは経費項目があって、税引前利益があってと、損益計算書は何とかわかったのですが、貸借対照表はまったくわからなかったのです。

資産の部分を見ていくと現金預金と書いてありますから、ああ、お金があるのだなと。下の固定資産のほうへいくと、土地やら建物やら設備やらが全部あります。右側の負債のところを見ると、負債がずっと書いてある。そして資本の部分に資本金がある。ちょっと会社がうまくいっているところは内部留保された利益のリザーブがあると思います。

資本金については、お金を払い込んで増資もしてきたのですから、たとえば資本金が一億円だとしますと、「ああ、一億円の資本金があるな」と、書いてあるのでわかります。

そして、左側を見ると現金預金とありますから、「こっち側にもお金があり、さらに資本金もある」と思ったわけです。それで経理課長に、「このお金はあるのか」と聞くと、「ありますよ。○○銀行に預けてありますよ」という。「それでは資本金の一億円はどこにあるのか」と尋ねました。

私はお金が両方にあると思っていたのです。商科も経済科も出ていませんから、貸方、借方なんて知らないわけです。そのくらいの男でしたので、私が会社を始めたときにそういうことを全部聞いてみても、なかなか簡単にわからなかったものです。

「経営というものは売り上げがあって、費用がかかるのですね。そして、売り上げから費用を引いたものが税引前利益というわけですね」

「ということは、よけいなことは何も考えずに、売り上げを最大限に、経費を最小限にする、ということが経営の要諦《ようてい》なのですね」

このように、複雑な現象を単純に理解する。

そのように今日までやってきたのですが、その中で私は、いつもうちの会社幹部の人にいってきました。

怖いからこそ真正面から向き合う

いまいったように、当時はとりわけ毎日毎日が真剣勝負でした。ケンカ殺法というか、ドス一本で毎日修羅場で斬《き》り合いをやっていました。

だから、道場に行って○○流剣術指南という竹刀《しない》で教わった剣法ではなくて、毎日が修羅場の中で、ほんとうに斬り合いをやってきた。その中では弱気が出てくる間がなかったといいますか、弱気が出た瞬間に倒されてしまう状況だったのです。

剣道とか刀さばきなどということを何も知らなくて、

工学部を出てセラミックの研究だけをやっていた男が経営ということを始めた。その瞬間に、ドスを一本抜き身で下げたままで斬り合いをやらなければならない。一瞬の隙《すき》で斬られてしまう。

まず中段に構えてとか、正眼に構えて、などといっているうちに、どこで覚えたか知りませんが、腰をかがめてドスを横へサッとそのまま払う。相手の脛《すね》だろうと胴であろうと、そのままズバッと斬ってしまう。もう、会った瞬間に、です。

そういう真剣勝負の経営の中では、いまから正眼に構えて、上段に構えて摺《す》り足でスッスッと前へ出ていって、というような道場で教わったみたいなことは通用しない、ということです。そういう意味では、真剣に毎日毎日が怖くて怖くて、その中で生きていました。弱気というのは怖がりなのです。

怖がりなのに自分でたいへんな仕事を始めたと思う。だから、たとえば借金でもしてきて、拡大路線で次から次へと店舗を出した、設備をした、となってくると、もう心配になってくる。心配なものだから寝られない。寝られないから真正面から向き合う。借金を抱え込んで前向きに走っているということも、すべてが怖い。怖いものだから、毎日が真剣勝負になる。

だから弱気になるというのは、逆にいうとまだ余裕がある、弱気になるだけの暇があるということだと思うのです。私の場合は、その暇がない状態であった、という気がします。

もしみなさんのなかで、そんなにまで真剣に生きていないとすれば、ぜひ自分をそういうふうに追い込んでみることです。

たとえば二代目で、親が会社をつくってくれて、ある程度立派になっている、私みたいに徒手空拳《くうけん》でゼロからやったわけではないとすれば、条件は非常にいいわけです。

条件がいいからといって、それに甘えてしまい、「オレはそういう点では非常に恵まれているな」といってそれに安住するのではなく、「塾長がいったように、オレも自分をあえてそういうふうに追い込んでみようか」と思うのです。そういう切羽詰まった状態にまで自分を追い込んでみる。

無理に借金をしなさい、という意味ではありませんが、追い込んで展開していくことが必要ではないかという気がします。

二番目は「怠け心が起こりはしませんでしたか」という質問でした。

怠け心ということではありませんが、毎日が真剣勝負だったものですから「もう、やめた」という気は何回もしたことがあります。

たとえば朝起きて、「もう会社に行くのはイヤだ」と。おそらくみなさんにもあるだろうと思います。「もう、どうでもいい。もうやめだ」となったことが。

あまりにも責任感が重くて、毎日毎日が続くものですから、「もう会社行くのやめだ」と思ったことはしょっちゅうありました。

だけど、ほうり出せないぐらいに真剣勝負で毎日生きているものですから、しようがなしに行かなければならない。行ったら、またそれなりに仕事の電話がいっぱいかかってきますから、やらなければならない。三十数年間、ずっとその連続でした。

これは、弱気といえば弱気ということかもしれません。朝起きてみて、会社に行きたくなくなってくる。行きたくなくなるだけではありません。もう社長も辞めたい、どうでもいい、と思うぐらいの投げ槍《やり》な気持ちになるときもしょっちゅうありました。

怠け心といかに向き合っていくか

（私が会社を始めた）最初のころです。私の会社をつくってくれ、私を今日あらしめてくれた人が、西枝さんという新潟出身の方で、すばらしい方でした。京都の宮木電機という会社の専務をやっておられた人でした。私のいまの人間性の相当部分というのは、その人に教わってできたといえます。

当時、「もうやめた」と思うくらいしんどい状態のときに——西枝さんという方は私の父親よりも四つか五つほど年上でしたので親子ほど違ったわけですが——その悩みを西枝さんにぶつけました。何かムシャクシャすることがあると、西枝さんに電話して、「西枝さん、もうイヤになってきました」という。

すると、西枝さんが「わかった、わかった。じゃあ、祇園《ぎおん》の花見小路に、今日、ちょっといっしょに行こうか」といってくれる。

そこは新潟出身の芸者衆が姉妹で京都に来て、素人料理屋をやっておられた店でした。私は西枝さんに連れられてよくそこで飲ませてもらいました。

そのように「イヤです。もうやめたいぐらいです」と愚痴をこぼすために西枝さんに電話をして、そこへ連れていってもらって、お酒をちょっと飲ませてもらう。そうすると、もう愚痴を何もこぼさなくても、西枝さんに会ってしゃべっていると、それだけで元気が出てくるのです。

また、西枝さんはたいへんお酒の好きな人で、お酒のマナーもよく教わりました。

ちょっと脱線しますが、九州鹿児島では、先輩に一生懸命にお酒を注《つ》ぐのが普通です。西枝さんは旧制新潟高校から京大の電気系学科を出られて京都に就職しておられた方で、「お流れをちょうだいします」ということを教わった。

「稲盛さん、目上の人からは杯をちょうだいします、お流れをちょうだいします、といってもらうものなのですよ。あなたみたいに徳利持って、注ぎます、注ぎます、というので持ってきてはいけないのですよ」

そういわれて、「ああ、そんなものですか。では、お流れをちょうだいします」というふうに教わったことがあります。

西枝さんがたいへんすばらしい方だったので、私が横にいていっしょに飲みながら、西枝さんが一杯飲まれるとすぐに注いでいたのですが、すると、「あなた、飲みさえすれば、注げばいいというものと違いますよ。あなたと飲んでいるとせわしなくて。飲み終わったらすぐに注ぐし……。あまり急いで注がないでください。私は酒は楽しんで飲むのですから」という。

そうかと思ってほうっておくと、「あなた、たまには注いだらどうですか」と(笑)。

アッ、といってまた注ぐ。注ぐとまた「せわしないのでやめてくれ」といわれる。ほうっておくと「たまには注いだらどうですか」といわれる。

「間」です。「程」です。程がいるのです。経営でも何でも。

ただガツガツというだけではいけないということを西枝さんに教わりました。

「あなたも今日は疲れているのでしょう。酒を飲んだら、まだ仕事の憂さも晴れますよ。飲みなさい、飲みなさい」

そう西枝さんがいうものですから飲むのですが、こちらはちっとも酔わない。大先輩に物事を教わろうと思っていますから、一生懸命酒を殺して飲んでいる。

そうすると、「あなた、酒は酔うために飲むのですよ。あなたみたいに酒を殺して飲んではダメですよ。健康にもよくありません」という。

そして私が、ああ、酔えばいいのだなと思ってガバガバと飲んで酔うと、「酒に飲まれてはいけません」といわれる（笑）。

どうしろというのか、酔わないと「酔え」というし、酔ったら酔ったで「飲まれてはいけない」といわれるし、ということで、お酒のマナーまで教わったことを覚えています。

その西枝さんには、イヤになってきたり、怠け心が起こったりしてくると、よく愚痴をこぼしに行って、ご馳走《ちそう》になりました。

私がコンパをやっているのも、みなさんが私と膝《ひざ》を交えて飲めるようにするためです。

もし私を尊敬する人だったら、私といっしょに酒を飲んで、「ああ、あの尊敬する人もやっぱし同じ人間か。あの程度の人なのか。それならオレもいまに努力をすれば偉くなるぞ」と思われてもけっこうですし、また、私と飲んで、あることをちょっと質問でもして、私から何かを教わってひらめいて「ああ、そうか！」と思って、ヒントを得られてもいいでしょう。

社長というのは愚痴はこぼせないのです。誰にもこぼせない。おそらく奥さんにも愚痴はこぼせない。ましておや副社長、専務、その辺には愚痴はこぼせません。自分の部下の専務やら副社長なんかにボロボロと愚痴をこぼしているような人では、信頼も尊敬もされません。

やはり枯れても社長となれば、グッとこらえなければばならない。そうしてこらえているから、やはりみんながついてくるのであって、自分の部下にしょっちゅう愚痴をこぼしたり、ボソボソいっていたのでは誰もついてきません。

だから、どうしてもストレスがたまってしまいます。たまってしまいますから、せめてこういうときに会って、たとえば私から何も解をもらえなくても、酒を飲みながら愚痴をこぼすことによって、聞いてもらうだけでも、「明日から、よし、もう一回やるぞ！」という気持ちになっていく。そういうことがあるので、私はコンパというものをやっているのです。

私も怠け心はしょっちゅう起こっていました。けれども、スケジュールを自分でつくっていたので、怠けられない状態にわざと自分を追い込んでいたということです。

人事を尽くして天命を待つ心

三番目に「神頼みをするような気持ちになったことはありませんか」という質問でしたが、それはもう、しょっちゅうです。いまはなおさらかもしれません。

私は毎朝といっていいくらい、神さまに――神頼みではなく――感謝をするということをしています。これは仏壇を拝むとか、神棚を拝むのではなくて、自分で目をつぶって、この宇宙をつくった神とでもいいましょうか、その神さまに、元気で今日も働けることに対する感謝を捧《ささ》げる、ということをしょっちゅうやっています。

感謝という意味でもありますが、どうぞこの仕事がうまくいきますようにという神頼みも、もちろんしました。

けれども、どちらかといいますと、「これだけ真剣勝負で、これだけ打ち込んで、おそらく私ぐらい考えて一生懸命にやっている人はいないだろうから、神さまも助けないわけにはいかないだろう」と、ものすごく厚かましい気持ちなのです。

「これだけ一生懸命やっているのだから、見捨てるわけにはいかないだろう」

そういう気持ちのほうが強かった。

だから「神さま、どうぞ助けてほしい」とは思いますが、どちらかというと、「神さまとて助けずばおくまい。というのは、これだけ一生懸命に真摯《しんし》に生きているのだから」という気持ちのほうが強かったのです。

うまくいかなくなってから神頼みしたことは一回もありません。うまくいかなくなってしまって「助けてください」というのはありません。

というのは、先ほどの弱気という話の中で、私は「真剣勝負で生きてきました」といいました。真剣勝負で生きてきた、修羅場で生きてきたといったのは、実は私自身が怖がりで、けっして強い男ではなかったからだと思います。

怖がりなものだから、必死になって生きようとする。事がすんでしまってから神頼みをしなかったというのは、怖がりだからです。起こることが怖いわけです。だから、起こらないようにしたいと思う。

いまみたいに不況になってきたり、金融が逼迫《ひっぱく》したりすると、金策をしなければならない人もおられると思います。

よく、金策をして走り回ったり、手形が落ちるか落ちないかというので、走って友人から金を集めるなどたいへんな苦労をしてやってきた、という人の話を聞くのですが、私は怖がりなものですから、そういう恐ろしいことはしたくない、そこまでいく前に手立てがあっていいのではないか、と思うのです。

手形が落ちるか落ちないかというので、金策をしてうまくいった。それをあたかも経営がうまくいったみたいにいう方がおられるのですが、金策がうまくいってもともとなのです。

うまくいかなかったらつぶれたのであって、金策ができてちょうど元へ戻っただけで、プラスではない。そんな苦労をするくらいなら、その同じ苦労をもっと前向きのものにしたらいいと思うのです。

だから、失敗してから神頼み、「何とか助けてください」というようなことは一回もしていません。失敗する前に、もう失敗したつもりくらいになって必死に努力をしたのです。

そのことを、私はうちの会社の幹部の人たちに『京セラフィロソフィ（人間のあり方から説き起こした京セラの企業哲学）』として「土俵の真ん中で相撲を取れ」と教えています。

これは、「土俵の真ん中で相撲を取らずに、ズルズルと後退して俵に足がかかってから、これはえらいことだ、というので、踏ん張ってうっちゃりをやる。そして体が割れた割れなかったとか、いや、うっちゃりが不十分だ、というので勝負がついてしまう。うっちゃりをやるぐらいの力があるのなら、土俵の真ん中で投げを打ったらどうだ」という話です。

つまり、手形が落ちるか落ちないかというところに行く前に、後ろにまだ土俵が空いているときに荒技をかけようではないか、ということです。余裕のある経営をする、ということです。

ギリギリになってから慌てるのではなく、余裕のある経営をすべきではないかと思ったものですから、私はうまくいかなくなって神頼みというのはしたことがありません。

起こりそうであれば、起こらないように、前もって先手先手で手を打って、必死で生きてきました。その代わり、毎日神さまにはお願いをしました。

「人事を尽くして天命を待つ」という言葉がありますが、一生懸命にやって、その結果、もうあとは神さまに助けを求めよう、という感じです。

これは経営をしている人だったら、みんな同じではないだろうかと思います。

生き方の神髄4

稲盛和夫箴言集

31.

成功に至る近道などあり得ない。情熱を持ち続け、生真面目《きまじめ》に地道な努力を続ける。このいかにも愚直な方法が、実は成功をもたらす王道なのである。

（『敬天愛人』）

32・

私たちはいくつになっても夢を語り、明るい未来の姿を描ける人間でありたいものだ。夢を抱けない人には創造や成功がもたらされることはないし、人間的な成功もない。なぜなら、夢を描き、創意工夫を重ね、ひたむきに努力を重ねていくことを通じて、人格は磨かれていくからだ。そういう意味で、夢や思いというのは人生のジャンプ台といえる。

（『生き方』）

33・

素晴らしいチャンスは、ごく平凡な情景の中に隠れている。しかし、それは強烈な目標意識を持った人の目にしか映らないものだ。

（『成功への情熱』）

34・

固い志に拠《よ》って立つ人は、目標へと続く道筋が眼前から消え去ることは決してない。たとえ途中でつまずいてもくじけても、また立ち上がって前へ前へと進むことができる。逆に、志なき人の前には、いかなる道も開かれることはない。

（『人生の王道』）

35.

何かを成そうとすれば、大きなエネルギーを必要とする。だからこそ、誰から見ても、どこから眺めても、立派だと言えるような高邁《こうまい》な志、目的意識がなければ、自分の持てる力のすべてを出し切ることも、周囲の人々から協力を得ることも、成功を続けることもできないのである。

(『敬天愛人』)

36・

人生で大切なことは、たとえ成功を遂げたとしても怠けないことだ。満ち足りていたとしても、勤勉に、一生懸命働いていく。だからこそ成功を持続させることもできるのだ。

（『徳と正義』）

37.

正しい道だと固く信じているのであれば、その道がどんなに険しかろうと、どんな悪天候に遭遇しようと、その道をまっすぐ頂上まで登るべきだと、私は心に決めた。それ以来私は全員が一緒に頂上に到達できるように、他人へと同様、自分にも常に厳しい姿勢で臨み続けた。安易な道は、ゴールへ導いてくれない。

（『成功への情熱』）

38・

人生の旅路には、目的地までひとっ飛びで着けるジェット機のような乗り物はない。だからといって、夢と現実との隔たりを前にして、ただ焦ってみても始まらない。また、手練手管を駆使し奇策を弄《ろう》して、付け焼き刃の成功を収めたとしても、地に足の着かない栄華が長く続いたためしはない。大切なことは正しい道を踏みしめて、一歩一歩前に進むことだ。

（『人生の王道』）

39.

人生や仕事で起きる障害や問題に、感情や感性のレベルでとらわれても何も解決しない。苦しければ苦しいほど、理性を使うべきだ。合理的に考え尽くし、一生懸命に努力をし、まさに「人事を尽くし」たなら、あとはうまくいくのだろうかなどと余計な心配はせず、ただ成功を信じて「天命を待つ」ことだ。

（『人生の王道』）

40・

願望をかなえようと必死に努力しても、なかなか実現できず、困り抜き、悩み果てている。そんなときでも、解決や成就のための思いもかけないヒント、思いもよらない知恵がふとしたときに啓示のごとくにわいてくる。それは、あたかも宇宙の創造主が自分の背中を押してくれているかのように感じることがある。

（『生き方』）

出典（いずれも稲盛和夫著・一部改変したものがあります）

31．『敬天愛人』112Ｐ（ＰＨＰ研究所）

32．『生き方』79Ｐ（サンマーク出版）

33．『[新装版] 成功への情熱』177Ｐ（ＰＨＰ研究所）

34．『人生の王道』211Ｐ（日経ＢＰ社）

35．『敬天愛人』88Ｐ（ＰＨＰ研究所）

36．『徳と正義』209Ｐ（ＰＨＰ研究所・共著）

37．『[新装版] 成功への情熱』91Ｐ（ＰＨＰ研究所）

38．『人生の王道』233Ｐ（日経ＢＰ社）

39．『　同　』237、238Ｐ

40．『生き方』157Ｐ（サンマーク出版）

稲盛和夫（いなもり・かずお）　一九三二年、鹿児島生まれ。鹿児島大学工学部卒業。五九年、京都セラミック株式会社（現・京セラ）を設立。社長、会長を経て、九七年より名誉会長。また、八四年に第二電電（現・KDDI）を設立、会長に就任。二〇〇一年より最高顧問。一〇年には日本航空会長に就任。代表取締役会長、名誉会長を経て、一五年より名誉顧問。一九八四年には稲盛財団を設立し、「京都賞」を創設。毎年、人類社会の進歩発展に功績のあった人々を顕彰している。

著書に『生き方』『心。』『京セラフィロソフィ』（いずれも小社）、『働き方』（三笠書房）、『考え方』（大和書房）など、多数。

稲盛和夫オフィシャルホームページ
https://www.kyocera.co.jp/inamori/

【稲盛ライブラリー】

稲盛和夫の人生哲学、経営哲学をベースとして技術者、経営者としての足跡や様々な社会活動を紹介しています。
■所在地　京都市伏見区竹田鳥羽殿町9番地（京セラ本社ビル南隣り）
■開館時間　午前10時～午後5時
■休館日　土曜・日曜・祝日および会社休日
https://www.kyocera.co.jp/company/csr/facility/inamori-library/

願望をかなえる経営

二〇二一年　一月　五　日　初版印刷
二〇二一年　一月十五日　初版発行

著　者　稲盛和夫
発行人　植木宣隆
発行所　株式会社　サンマーク出版
〒一六九-〇〇七五
東京都新宿区高田馬場二-一六-一一
（電）〇三-五二七二-三一六六

印刷　共同印刷株式会社
製本　株式会社若林製本工場

ISBN 978-4-7631-3884-2 C0030
ホームページ　https://www.sunmark.co.jp